AF242675

COMMENT EN FINIR ?

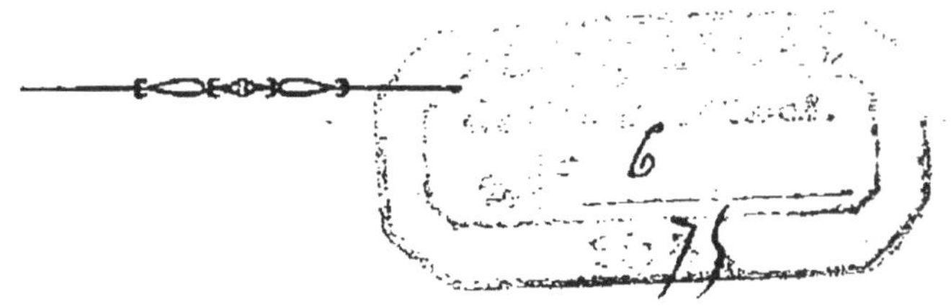

AUX DISSOLUTIONISTES

ET AUX

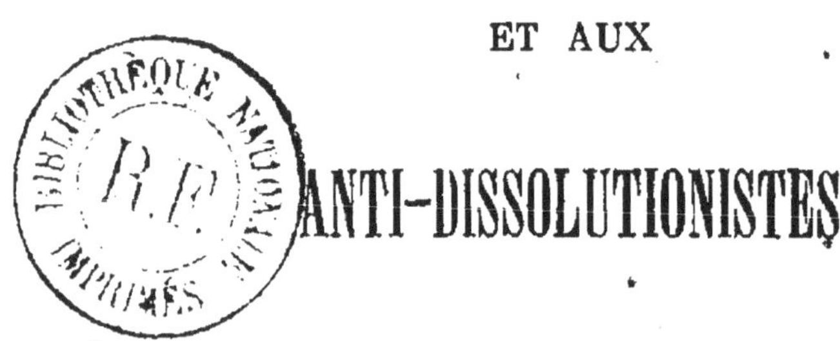

ANTI-DISSOLUTIONISTES

PAR A. F. BONNARD

ingénieur civil

—

TARBES, IMPRIMERIE VIMARD

COMMENT EN FINIR ?

—o—

SOLUTION PAR CONCESSIONS DE CIRCONSTANCE

S'IMPOSANT :

Aux Dissolutionistes et aux Anti-dissolutionistes.

I

L'idée d'une Assemblée nationale, renouvelable par des séries d'élections partielles, serait, (suivant la Presse de ces derniers jours), assez en faveur ; gagnant du terrain à gauche et au centre gauche, la droite modérée ne serait même pas éloignée de se rallier à cette combinaison du renouvellement partiel. Il est évident que ce désir de *faire quelque chose* serait plus conforme aux aspirations du pays, que

les tentatives de faire des lois constitutionnel-
les, tentatives qui ne rallieront pas plus aujourd'hui qu'hier de majorité, étant donné l'é-
tat de division des partis.

Les chances d'adoption d'un projet pareil
dépendent surtout de la manière dont il pourra
être appliqué. Abordons-le donc par le côté
pratique.

II

Le renouvellement partiel périodique ne
peut être applicable à l'Assemblée actuelle :

1° Parce que tous ses membres ont reçu un
même mandat ;

2° Parce que rien n'indique, dans le mode
existant pour le fonctionnement du scrutin de
liste par département, la possibilité rationnelle de faire ce renouvellement d'une manière équitable, même en employant la voie
du sort.

Le mode actuel des élections présente une
anomalie choquante, ainsi que nous l'avons
exposé dans un mémoire adressé, en juillet
1871, à l'Assemblée, et accueilli avec assez de

faveur (1). Pourquoi vouloir faire nommer jusqu'à 28 et même 43 représentants par certains électeurs, tandis que d'autres électeurs ne concourent à la nomination que de 3 ou 4 ? C'est ce qui nous avait conduit à présenter un plan de réorganisation des circonscriptions, toutes sensiblement égales quant au chiffre de population.

Sans vouloir revenir sur ce projet, nous croyons néanmoins devoir en rappeler l'esprit,

----

(1) Extrait du compte-rendu sténographique in-extenso.

(M. le comte de Kergorlay, 4· rapporteur.)

— 1908 — Le sieur Bonnard, ingénieur civil à Tarbes, présente un mémoire étendu, contenant des conseils politiques, un plan de réorganisation administrative de la France, et un système de réorganisation militaire.

Au point de vue politique, *il recommande de renouveler l'Assemblée nationale par des séries d'élections partielles,* qui lui paraissent devoir agiter moins le pays que le renouvellement intégral.

Dans son plan de réorganisation administrative, il accorde une grande liberté d'action aux divers conseils élus........ *Quelques parties de ce travail,* qui s'étend surtout sur la question militaire, *peuvent être lues avec intérêt.* Nous avons l'honneur, messieurs, de vous proposer le renvoi à la commission de réorganisation de l'armée. (Adopté.)

— *Séance du 17 février 1872.* —

qui était de faire coordonner les circonscriptions électorales avec celles militaires. Or,
comme la France, à ce dernier point de vue, a
été divisée en 18 *régions,* lesquelles comprennent chacune 8 *subdivisions,* nous croyons
qu'il est bon de s'attacher, dans un but de sim-
plification rationnelle, très satisfaisante à tous
égards, à prendre les régions et leurs subdivisions pour base des *circonscriptions électorales.*

Les motifs abondent à l'appui de cette pro-
position, qui est traduite dans le Tableau des
circonscriptions que nous avons dressé :

1° Les relations que le frottement militaire
va créer, de l'âge de 20 ans à celui de 40,
pour tous les citoyens, établiront entr'eux des
points de contact, qui aideront nécessairement
et puissamment à la connaissance du carac-
tère des hommes conséquemment au choix
udicieux qui devra présider aux élections dans
tout le cours de la vie.

2° Les groupements par arrondissements
sont maintenus ; et, lorsque, exceptionnellement, des fractionnements existent, ils ne
s'étendent jamais au département (Rhône,

Seine-et-Oïse, et Seine à part), qui est entièrement compris dans une même région.

3° L'anomalie signalée plus haut, consistant à faire nommer par les citoyens de tels départements 10 à 15 fois plus de représentants que par les citoyens de tels autres départements, se trouve restreinte au rapport de 2 ou 3 ; et encore, serait-il possible d'y parer par voie de réglementation, si nous n'avions pas jugé qu'il était préférable de maintenir les quelques exceptions de notre projet, exceptions qui se légitiment d'ailleurs par le fait de grandes agglomérations. Celles-ci supposent, en effet, des rapports autrement plus fréquents que ceux qui pourront ressortir de l'organisation militaire régionale.

Comparée au projet de loi électorale, qui admettrait pour circonscription l'arrondissement jusqu'à 100,000 habitants, l'organisation que nous proposons présentera des anomalies moins choquantes, en égard au nombre des représentants par rapport à la population. Ainsi nous attribuons un représentant à une population de 56 à 112,000 habitants, soit une variation tout au plus du simple au double, variation que crée forcément l'organisation régionale militaire ; tandis que, dans le système de circonscription par arrondissement, cette proportion s'étend de 15,000 (arrondissement de Barcelonnette) à 100,000, soit près de 1 à 7.

III

Nous avons formulé notre système pour des élections renouvelables par tiers. Cela étant, et reléguant à la fin de ce travail le tableau des régions et subdivisions militaires, d'après le décret présidentiel du 6 août 1874 (suivant le *Journal officiel* du 13 août, et le *Bulletin des Lois*), ainsi que le tableau des circonscriptions électorales que nous présentons avec tous leurs détails, qui en permettront l'étude comparative, — en voici les dispositions succinctes :

1re région : 2,208,922 habitants : Nord, 4 circonscriptions de 3 représentants, et 1 de 6 ; Pas-de-Calais, 3 circonscriptions de 3 représentants : ensemble 27 représentants.

2e région : 2,027,366 habitants : Somme, 3 circonscriptions de 3 représentants ; Aisne,

Oise, 4 circonscriptions de 3 représentants ; fraction de Seine et de Seine-et-Oise, 1 circonscription de 6 représentants : ensemble 27 représentants.

3e région : 2.722.365 habitants : Calvados, 2 circonscriptions de 3 représentants ; Eure, Seine-Inférieure, 2 circonscriptions de 3 représentants, et 1 de 6 représentants ; fraction de Seine-et-Oise, 1 circonscription de 3 représentants ; fraction de Seine, 1 circonscription de 9 représentants : ensemble 30 représentants.

4e région : 2.043.770 habitants : Mayenne, Sarthe, 3 circonscriptions de 3 représentants ; Eure-et-Loir, Orne, 3 circonscriptions de 3 représentants ; fraction de Seine et de Seine-et-Oise, 1 circonscription de 6 représentants : ensemble 24 représentants.

5e région : 1.939.937 habitants : Yonne, Seine-et-Marne, Loiret, fraction de Seine-et-Oise, 6 circonscriptions de 3 représentants ; fraction de Seine et de Seine-et-Oise, 1 circonscription de 6 représentants : ensemble 24 représentants.

6e région : 2.004.911 habitants : Meurthe-et-Moselle, Vosges, Meuse, Ardennes, Marne,

7 circonscriptions de 3 représentants ; Aube, 1 circonscription de 3 représentants , ensemble 24 représentants.

7⋅ région : 1.656.345 habitants : (Belfort), Doubs Haute-Saône, 3 circonscriptions de 3 représentants; Haute-Marne, 1 circonscription de 3 représentants ; Jura, Ain, fraction de Rhône, 3 circonscriptions de 3 **représentants** ; ensemble 24 représentants.

8⋅ région : 1.820.116 habitants : Saône-et-Loire, Côte-d'Or, fraction de Rhône, 5 circonscriptions de 3 représentants ; Cher, Nièvre, 3 circonscriptions de 3 représentants : ensemble 24 représentants.

9⋅ région : 1.765.032 habitants : Indre, Indre-et-Loire, Vienne, Deux-Sèvres, Maine-et-Loire, 8 circonscriptions de 3 représentants : ensemble 24 représentants.

10⋅ région : 1.756.603 habitants : Côtes-du-Nord, Ille-et-Vilaine, 5 circonscriptions de 3 représentants : ensemble 24 représentants ; Manche 3 circonscriptions de 3 représentants : ensemble 24 représentants.

11⋅ région : 2.136.967 habitants : Loire-Inférieure, 1 circonscription de 3 représentants et 1 de 6 ; Vendée, 2 circonscriptions de 3 représentants ; Morbihan, 2 circonscriptions de 3 représentants ; Finistère, 1 circonscription de 3 représentants et 1 de 6 : ensemble 30 représentants.

12· région 1.747.517 habitants : Haute-Vienne, Charente, Creuse, Dordogne. Corrèze, 8 circonscriptions de 3 représentants , ensemble 24 représentants,

13· région : 2,147,872 habitants : Puy-de-Dôme, 2 circonscriptions de 3 représentants ; Allier, Loire, fraction de Rhône, 4 circonscriptions de 3 représentants ; Haute-Loire, Cantal, 2 circonscriptions de 3 représentants : ensemble 24 représentants.

14· région : 1,851,686 habitants : Isère et fraction de Rhône, 4 circonscriptions de 3 représentants ; Haute-Savoie, 1 circonscription de 3 représentants ; Savoie, 1 circonscription de 3 représentants ; Drôme, Hautes-Alpes, 2 circonscriptions de 3 représentants : ensemble 24 représentants.

15· région : 2,509,403 habitants : Var, 1 circonscription de 3 représentants ; Basses-Alpes, Alpes-Maritimes, 1 circonscription de 3 représentants ; Corse, 1 circonscription de 3 représentants ; Bouches-du-Rhône, 1 cir-

— 12 —

conscription de 6 représentants ; Vaucluse, 1 circonscription de 3 représentants ; Gard, Ardèche, 3 circonscriptions de 3 représentants : ensemble 27 représentants.

16· région : 1,798,043 habitants : Hérault, Aveyron, Lozère, 4 circonscriptions de 3 représentants ; Aude, Tarn, 3 circonscriptions de 3 représentants ; Pyrénées-Orientales, 1 circonscription de 3 représentants : ensemble 24 représentants.

17· région : 1,832,680 habitants : Tarn-èt-Garonne, Lot-et-Garonne, Gers, Lot, 5 circonscriptions de 3 représentants ; Haute-Garonne, Ariége. 3 circonscriptions de 3 représentants : ensemble 24 représentants.

18· région : 2,133,186 habitants : Charente-Inférieure, 2 circonscriptions de 3 représentants ; Gironde, 1 circonscription de 3 représentants et 1 de 6 ; Landes et Basses-Pyrénées, 3 circonscriptions de 3 représentants ; Hautes-Pyrénées, 1 circonscription de 3 représentants · ensemble 27 représentants.

Soit, en RÉCAPITULANT : pour les 86 départements, ou leurs 362 arrondissements, d'une population, suivant le dernier recensement, de 36,102,921 habitants, une *représentation de 453 membres.*

IV. — APPLICATION.

L'exposé des motifs, ou mieux la justification des moyens que nous proposons, n'a pas besoin de développements, si on veut bien reconnaître que la situation présente demande un dénoûment. Le plan que nous proposons, une fois exposé en son entier abrégé, quelques considérations dont nous le ferons suivre seront suffisantes, et auront mieux alors leur place. Abordons immédiatement la pratique de notre système.

1° Cette année, le 2ᵉ dimanche de mai, les électeurs de chaque circonscription, telles qu'elles sont déterminées au tableau, concourront, par l'élection au scrutin de liste, à la nomination des représentants à une 1ʳᵉ CHAMBRE LÉGISLATIVE, à la majorité absolue des votants ; nul ne sera nommé néanmoins s'il ne réunit un nombre de voix représentant le quart au moins des électeurs inscrits. — Un 2ᵉ tour de scrutin aura lieu, s'il est besoin, à quinzaine, pour compléter le nombre des représentants de la circonscription, mais à la majorité relative seulement. — *La période électorale commencera de droit, sans publication, le 1er avril.*

2° Les représentants de chaque circonscription appartiendront à cette 1re chambre pendant 3, 2 ou 1 an, suivant la pluralité des voix obtenues.

3° Les années suivantes, le 2e dimanche de mai, les électeurs nommeront, dans chaque circonscription (au scrutin de liste le cas échéant), le ou les représentants en remplacement de celui ou de ceux dont le mandat à la 1re chambre sera expiré, ainsi que ceux pour lesquels il y aura eu vacance dans le cours de l'année précédente.

V

Les partisans d'une 2e chambre s'inspirent du besoin de créer un second pouvoir, soit modérateur de la 1ère chambre, soit supérieur

à elle et pouvant l'annuler au besoin, en s'y
substituant pendant un laps de temps de six
mois : dans le but, pour les uns d'empêcher les
entraînements qui pourraient faire dégénérer
ce pouvoir unique en despotisme ; et, pour
les autres, afin d'amener dans un avenir que
l'on entrevoit assez, un changement dans la
forme même du gouvernement.

Nous qui pensons qu'aucun pouvoir ne
peut se substituer à l'expression du suffrage
universel, régulièrement, véritablement con-
sulté ; que *la suspension ou dissolution de
l'Assemblée des mandataires du pays consti-
tuerait un interrègne*, état anormal ; que
tout moyen détourné d'établir un pouvoir mo-
narchique ou oligarchique, ne serait pas une
organisation durable (notre propre histoire le
constate), pouvant clore l'ère des révolutions ;
nous ne pouvons trouver *défectueux l'exis-
tence d'une seule chambre qu'au point de vue
de la lenteur du vote des lois* d'affaires et de
réorganisation, ce qui suspend le jeu des forces vitales du pays pendant les années souvent
employées à leur élaboration.

Mais, si nous admettons un remède à cet
état de choses, nous ne le comprenons qu'en

corrélation directe avec l'expression du suffrage universel. Dans cet ordre d'idées, nous pensons que tout esprit non prévenu peut admettre le *rouage de deux chambres pour la saine et prompte gestion des affaires*, en composant la 2ᵉ CHAMBRE LÉGISLATIVE de la manière suivante :

1° A l'expiration du temps pendant lequel les représentants auraient siégé à la 1ʳᵉ chambre, ceux, qui ne seraient pas de nouveau maintenus par réélection à cette 1ʳᵉ chambre, seraient de droit membres de la 2ᵉ chambre, pour une période de temps qui, cumulé avec celui déjà passé à la 1ʳᵉ chambre depuis leur dernière élection, atteindrait le chiffre de six ans. En d'autres termes, LE MANDAT CONFÉRÉ PAR LE SUFFRAGE UNIVERSEL SERAIT DE SIX ANS, *pouvant toujours d'ailleurs être maintenu par de nouvelles élections.*

2° Pour composer au début la 2ᵉ chambre : — considérant, que *les représentants actuels,* soit ceux nommés le 8 février 1871, soit ceux élus depuis, pour remplir les vacances produites, *ont reçu un mandat dont le temps est indéterminé* ; nous trouvons en eux le noyau du 2ᵉ pouvoir législatif, à la condition que *leur temps ne soit pas limité à une durée plus longue que celle qui sera attribuée aux pouvoirs nouveaux qu'ils constitueront pour leurs successeurs.* Ainsi, les représentants actuels, qui ne seraient pas réélus à la 1re chambre en mai 1875, composeraient la 2e chambre à fin mai 1875, et en feraient partie jusqu'en mai 1877 (ce qui formerait pour eux la période de six ans de 1871 à 1877).

3° En 1876, la 2e chambre (déduction faite de ceux de ses membres qui seraient, par l'élection, renvoyés à la 1re), s'accroîtrait des représentants nommés pour 1 an à la 1re en 1875, et non réélus en 1876. Ces représentants siégeraient à la 2e chambre pendant 5 ans.

4° En 1877, entreraient, pour 4 ans, à la 2e chambre, les représentants nommés pour 2 ans à la 1re en 1875, et non réélus en 1877-

5° En 1878 et les années suivantes, entreraient à la 2e chambre, pour 3 ans, les représentants nommés pour 3 ans à la 1re en 1875 et les années suivantes, et non réélus en 1878 et les années suivantes.

VI

Ce roulement des deux chambres une fois établi, on peut se rendre compte du chiffre, naturellement variable, des représentants qui composeront la 2e chambre, en faisant telles suppositions qui, pratiquement, pourront approcher de la suivante :

1° Aux 453 membres nommés par les 86 départements, suivant le tableau des circonscriptions établi précédemment, si on ajoute 15 membres nommés par l'Algérie et les colonies (membres pour lesquels d'ailleurs le renouvellement se ferait intégralement tous les trois ans seulement, à la 1re chambre), on aura pour la 1re chambre un total de 468 représentants. Ce chiffre est les 2|3 environ de celui de l'Assemblée actuelle.

Admettant que l'élection du mois de mai 1875 produise entre 1|5 et 1|3 de nouveaux membres, la 1re chambre se composera de 375 à 312 membres anciens, et de 93 à 156 membres nouveaux ; conséquemment la 2^e

chambre comprendra de 350 à 415 membres.

2° Le nombre des membres de la 2ᵉ chambre s'accroîtra en 1876 d'un chiffre qui pourra la porter à environ 500 membres au plus, pour la ramener dès 1877, par la fin du mandat des membres de la formation, à un chiffre approchant 200 ; mais une fois le roulement triennal bien établi, elle variera définitivement entre 200 et 300.

3° Dans ces conditions, quand il s'agira de pourvoir, en novembre 1880, à la vacance de la présidence de la République, les deux chambres réunies, formant un nombre d'environ 700 membres, tous produits de l'élection directe depuis l'application de cette organisation des pouvoirs, consacrant l'infusion annuelle d'un sang nouveau, représentation vraie des aspirations et fluctuations des populations, seront aptes, bien autrement que des corps privilégiés, à pourvoir à la succession présidentielle. La stabilité sera ainsi réalisée sans secousses pour le pays.

VII. ATTRIBUTIONS.

Cette organisation de deux chambres, ayant

une origine propre à elles-mêmes, et non subordonnée au pouvoir exécutif, permettra, par leur pondération réelle, l'établissement régulier du régime représentatif, approprié au milieu français ; ce milieu si impressionnable, qui ne voit rien de stable en dehors du *suffrage universel constamment appliqué*, SANS ABSORPTION, NI ABDICATION. Une seule condition de durée, c'est la LIMITATION DE L'ACTION DES POUVOIRS PUBLICS, c'est-à-dire LEURS ATTRIBUTIONS.

1° Le président de la République continuera à exercer son pouvoir tel qu'il a été défini par la loi du 20 novembre 1873.

En d'autres termes, il a, comme la 1re chambre, l'initiative des lois ; il promulgue les lois votées et en surveille l'exécution ; il négocie et ratifie les traités après approbation des chambres ; il a le droit de grâce ; *il dispose de la force publique, sauf de celle que les deux chambres croiraient nécessaire à leur sûreté.* Néanmoins, il ne peut obtenir d'aucun chef de corps d'armée *la sortie des troupes d'une région militaire ou de la région limitrophe sans une loi, ou, dans les cas d'urgence, sans un ordre signé des trois présidents . de la République, de la première et de la deuxiè-*

me chambres. Il se désintéresse d'une manière complètement impartiale dans les élections. Enfin, le président de la République est responsable collectivement avec les ministres des actes du gouvernement.

2° Les projets de loi émanés, soit du gouvernement, soit de l'initiative des représentants de la 1re chambre, sont soumis à des commissions nommées par celle-ci. *Les projets de loi élaborés par ces commissions*, et les rapports y joints, lus en séance publique, *sont* SEULS *soumis à la discussion.* Une 1re discussion générale a lieu à la 1re chambre, suivie d'un vote favorable ou défavorable, sans amendements. En cas de vote favorable, le projet de loi est porté à la 2e chambre, pour être voté, sans discussion générale, article par article, avec faculté pour celle-ci de reprendre les *seuls amendements* produits avant la fin de la discussion générale de la 1re chambre.

Si le projet de loi est voté par la 2e chambre sans amendements, et sans modifications autres que celles de rédaction, la loi est transmise au président de la République pour être promulguée dans un délai maximum de 15 jours.

Si le projet de loi est amendé par la 2e chambre, il revient en dernier ressort devant la 1re, qui prend une 3e délibération définitive, suivie de la promulgation de la loi par le président de la République dans un délai maximum de 5 jours.

3° La 1re chambre siége à Paris, lieu de résidence obligée du gouvernement. Néanmoins les ministres peuvent être momentanément distraits du siége du gouvernement, notamment pour soutenir les projets de loi devant la 2e chambre, qui siége à St-Cloud, ou tout au moins dans une partie du territoire dépendant du commandement militaire de Paris.

4° Les représentants membres de la 1re chambre ne peuvent être distraits de leur mandat, pour remplir *aucune mission du gouvernement à l'extérieur.*

5° Les ministres peuvent être pris indifféremment dans le sein des deux chambres ou au dehors. Il serait toutefois désirable que les ministres de la Justice, des Cultes, des Beaux-Arts, etc. (ce qui, en un mot, est le moins sujet aux fluctuations politiques), ne soient pas exposés aussi fréquemment aux changements qu'entraînent les modifications des divers Ca —

binets ; et que leur stabilité soit plus assise en les prenant spécialement dans la 2ᵉ chambre, modératrice de la 1ʳᵉ ; les ministres plus particulièrement représentant la politique active ou du moment appartenant à la 1ʳ· chambre.

6° Sanction sera donnée à la responsabilité réelle des membres du gouvernement par la création d'une Haute Cour de Justice, où seront appelés 36 jurés tirés au sort parmi les 86 conseils généraux des départements. Dans le cas d'une mise en accusation décrétée par les deux chambres, le Pouvoir exécutif est intérimairement exercé par l'accord des deux Présidents des deux chambres.

VIII

Notre projet donnera-t-il satisfaction à ceux qui désirent une solution basée sur un rapprochement et un accord qui est la préoccupation des esprits ? Oui, disons-le hardiment, cela sera si, mettant de côté le parti-pris, on se décide à vouloir et à faire que le PIVOT qui

doit être notre appui soit une INSTITUTION IN-
DÉPENDANTE DE L'HOMME, au lieu de bâcler un
échafaudage pour y faire asseoir telle ou telle
personnalité, que le premier souffle populaire
renversera avec le frêle édifice impuissant à
l'abriter.

Soyons logiques pour aboutir à quelque
chose de stable :

La nation s'appartient : son pouvoir ne peut
donc s'exercer que par son choix, c'est-à-dire
par des délégués constituant une Assemblée
dont tout émane ; et qui, elle-même, perpé-
tuelle, reflète constamment toutes les aspirations susceptibles de se produire d'année en
année, avec maturité, pour être durables.

Or, par le jeu de l'organisation que nous
proposons, et avec son plein roulement, satisfaction est donnée aux DISSOLUTIONISTES et aux
ANTI-DISSOLUTIONISTES. Les représentants ayant
un mandat limité à six ans de durée, mais se
retrempant tous les trois ans intégralement
dans l'expression de la souveraineté nationale
par le suffrage universel, quelles en seront les
conséquences ? Qu'il y ait un plus grand nombre de représentants réélus chaque année à la
1re chambre, celle-ci en sera moins modifiée,

conséquence de ce qu'elle est en accord persistant avec les aspirations du pays ; aspirations qui seront mûrement réfléchies, et non le fait d'un engouement passager ; et, comme corrélation, la 2e chambre moins nombreuse, joue un rôle relativement moins important aussi en vue de l'opinion publique, ce qui est tout naturel, n'ayant pas à faire acte de résistance à des entraînements passagers. Qu'au contraire, des passions nées d'un engouement momentané soient représentées par l'élection de nombreux représentants nouveaux à la 1re chambre, la 2e chambre s'accroît d'un chiffre égal, et elle prend un ascendant de contre-poids, qui se traduit en forçant, par les amendements qu'elle introduit dans les projets de loi, la nouvelle chambre à une nouvelle délibération, ce qui permet de revenir sur de premiers entraînements s'il y a lieu ; et même d'attendre, dans ce but, que les élections suivantes aient montré le vœu du pays dans le sens de l'une ou de l'autre des premières délibérations.

IX

Disons enfin, comment devraient se résou

dre les conflits pouvant exister entre le pouvoir exécutif et la 1re chambre, le cas échéant, qu'il faut bien prévoir.

Leur solution ne peut avoir lieu par la dissolution de la 1re chambre, sans admettre la prédominence et l'empiètement d'un pouvoir sur l'autre ; tandis que nous voulons leur séparation bien nette ; qu'ainsi le pouvoir exécutif ne puisse s'adresser au pays après le fait accompli, qui, quoi qu'on puisse dire, pèse toujours sur les décisions d'une manière partiale, ou envenime ce qui est cause du conflit lui-même ; que ce serait admettre aussi pour le législatif le droit de déposséder l'exécutif en se substituant à la justice de la Haute Cour. Cette solution ne peut avoir lieu que de la manière suivante : le président de la République, toutes choses restant en état, s'adresserait au corps électoral : il convoquerait extraordinairement et par anticipation (ouvrant la période électorale de 40 jours nécessaires), les électeurs des 86 départements, à nommer les représentants qui ne devraient être nommés qu'au mois de mai suivant. Les 151 nouveaux élus viendraient (exceptionnellement investis de leur mandat à la 1re chambre pour 3 ans et une fraction), accroître d'au-

tant le nombre des membres de la 1re chambre
et modifier nécessairement la majorité. La dé-
cision prise au sujet du cas de conflit serait
souveraine, c'est-à-dire entraînant avec elle,
sans recours à la 2e chambre, l'acquiescement
du président de la République.

(Il y aurait à apprécier si cette élection ex-
traordinaire ne devrait pas plutôt entraîner,
comme conséquence, le passage de la 1re à la
2e chambre des 151 membres ne devant finir
leur temps à la 1re qu'au mois de mai suivant :
comme naturellement ils se représenteraient
devant les électeurs, le verdict du corps électoral à leur égard pourrait paraître plus déci-
sif dans la question à résoudre ; et la 1re chambre resterait toujours ainsi à son chiffre normal
de 468 membres.)

X

Représentants du peuple, dont toutes les
sympathies et préférences sont *pour un homme*,
soit qu'il représente le pouvoir absolu, ou oc-
troyé, ou conditionnel, héréditaire ou électif,
venant du droit de conquête, ou de l'abdication de la nation en une seule main, royalis-

tes de toutes nuances et impérialistes, un point
très grave s'impose à vos méditations : C'est
la conséquence qui résulte des élections qui
vous ont faits aujourd'hui les mandataires de
la France, et qu'il nous faut bien opposer à
vos préventions. Les listes des électeurs qui
vous ont faits représentants comprennent les
pères en même temps que les fils et tous les
membres de chaque famille ; ainsi, si le pouvoir entre les mains d'un seul, ou la monarchie,
peut s'imposer par le père, le droit électoral
du fils est nul, puisque le premier peut enga-
ger l'avenir et supprimer le droit du second.
La logique eût donc dû vous faire retrancher
de ces listes tous les descendants, en ne con-
servant le droit électoral qu'aux ascendants.
Votre mandat, si vous vous croyez un droit
aussi exorbitant que celui de l'aliénation de la
souveraineté, est donc entaché dans son origine,
dans son essence. Si cela n'est pas vrai, où
puisez-vous la raison de vouloir que ceux qui
ont usé d'un droit corrélatif à celui de leurs
auteurs, puissent empêcher leurs fils d'en user
ultérieurement à leur tour?

Reconnaissez donc la puissance de logique
qui résulte de l'application actuelle du suf-

frage universel tel qu'il existe ; qui, vous ayant faits, a implicitement sous-entendu la condition d'en maintenir l'application sans subterfuge, c'est-à dire en en laissant possible l'exercice à ceux qui, d'année en année, arrivent à la vie politique.

Partisans de la monarchie traditionnelle, ne pouvant triompher de notre logique, vous nous répondrez par LA NÉCESSITÉ, en vous appuyant sur l'histoire. Eh bien ! notre propre histoire doit vous forcer à modifier vos vues si vous voulez bien vous rendre compte d'un grand fait, qui a bien agi, lui aussi, à nous conduire au point où nous en sommes, que peu de phrases vont expliquer.

Il y a un peu plus de 4 siècles, l'établissement d'une *armée permanente* a fondé la grandeur de la France, son influence au dehors, son unité au dedans, en abattant les têtes toujours renaissantes de cette *hydre* qui avait nom la Féodalité ! Nous ne traçons là qu'une esquisse.

La Royauté, s'étayant de ce moyen puissant d'action, ne voyant plus d'obstacles insurmontables à l'intérieur, fonda ce *pouvoir absolu*, timide d'abord, mais qui devait en arriver à la

formule : l'*Etat c'est moi*. Elle n'avait pas entrevu le côté vulnérable de sa situation, la
question des subsides, vrai cancer rongeur des
Etats absolutistes, qui n'ont pas de trésor inépuisable. La royauté dut donc, à maintes reprises, à défaut d'un trésor royal, demander
taille et subsides à la nation. On put bien,
s'obérant de toutes parts, retarder, pendant 175
ans, la convocation des Etats-Généraux ; mais
quand le gouffre devint béant ; que, pour le
combler, fut nécessaire *le concours non de
quelques-uns seulement, mais de tous*, il fallut
bien reconnaître qu'avec *la charge répartie
sur chacun allait revenir aussi à chacun le
droit de participer à la gestion.*

Et c'est aujourd'hui, que le poids de la dette
et des services publics a atteint son apogée ;
que tous, de toutes conditions, depuis le journalier travailleur de corps et travailleur d'esprit, jusqu'aux positions qui paraissent tout au
moins (si elles ne le sont), le mieux assises,
plient à rompre sous ce joug du sacrifice que
la résignation patriotique leur fait accepter ;
c'est aujourd'hui que vous voudriez croire à
une NÉCESSITÉ autre que *celle de donner aux
individualités de toutes conditions* le droit de

*participation constante ou annuelle aux af-
faires de la République*, comme elles partici-
pent, non pas par circonstance, mais annuelle-
ment, mais tous les jours à ses charges !

Représentants anti-dissolutionistes, vous
trouverez dans notre projet la garantie que
vous avouez vouloir trouver dans la stabilité
des institutions, stabilité que vous verrez d'année en année se consolider sans secousses. Et
vous, qu'un vote de l'Assemblée à déclarés
constituants, malgré vos raisons pour ne pas
l'être, représentants dissolutionistes, vous y
trouverez la dissolution seule pratique, et sans
ébranlement des affaires, opposée à celle que
vous demandez *ex-abrupto*. Tous vous y verrez la possibilité d'un acheminement vers un
état de choses qui constituera, dans le régime
parlementaire vrai, le calme des esprits ; ren-
dra l'essor aux forces vitales du pays ; sera la
fin des révolutions : toutes choses que la République seule est capable de fonder.

A. F. BONNARD.
Ingénieur civil à Tarbes.

Tarbes, janvier 1875.

TARBES, IMPRIMERIE VIMARD.